DIE OSTERSEEN

Impressionen einer bayerischen Seenlandschaft

EDITION
LERCHL

Impressum

DIE OSTERSEEN
Impressionen einer bayerischen Seenlandschaft

Fotografie: Ralf Gerard
Text: Brigitte Roßbeck
Gestaltung: Egbert Greven

Satz und Reproduktion: pre-press GmbH, Dresden
Druck und Verarbeitung: Meissner Druckhaus GmbH, Meißen

1. Auflage, Meißen, 1996

ISBN 3-932460-00-6

Ralf Gerard   Brigitte Roßbeck   Egbert Greven

DIE OSTERSEEN

Impressionen einer bayerischen Seenlandschaft

»... Am nächsten Tage lockte es mich in das Moor. Das Ende des (Starnberger) Sees bestand aus immer flacher werdenden Kieselgründen, die mit Schilf bewachsen waren und um die das dicke Dampfschiff in weitem Bogen herumfuhr. Landeinwärts, jenseits der um den See führenden breiten Fahrstraße, begann eine ganz andere Landschaft, nicht festes Land, aber auch nicht Wasser, eines ging ins andere über. Einige kleine fischreiche, aber grundlose, gefährliche Seen, die Osterseen genannt, glänzten in fahlem, mattem Grün. Es führten schmale Fußwege durch das Gelände, in dem sich weit und breit keine Hütte befand. Erst am Rande, dort, wo es wieder bergan geht, standen ein paar elende Baracken der Torfstecher. Alles war hier anders als am Seeufer, die Pflanzen üppiger, die Vögel schreckhafter, mit bunterem Gefieder und von unbekannten Arten, die Schmetterlinge größer, aber, wie mir schien, weniger scheu.«

Ernst Weiß: Der Augenzeuge, Frankfurt am Main, 1938

»Von dem Menschenstrom, der alljährlich die Umgebung des Starnberger Sees überschwemmt«, merkte etwas überrascht der Geowissenschaftler A. Rothpletz im Jahre 1917 an, *»gelangt seltsamerweise nur ein sehr kleiner Teil in das landschaftlich so reizende und eigenartige Gebiet der Osterseen. Im Walde versteckt, bleibt es selbst dem Auge derer, die mit der Eisenbahn auf dem Wege von Tutzing nach Kochel direkt daran vorbeifahren, so gut wie ganz verborgen, obschon es von den Haltestellen Seeshaupt und Staltach in kurzer Wanderung zu erreichen ist. Die Vernachlässigung durch die Vergnügungsreisenden mag ihren Grund darin haben, daß nur die Lauterbacher Mühle dem Wanderer einen gastlichen doch bescheidenen Rastpunkt gewährt.«*

Denjenigen, die sich damals tage- oder wochenweise, mit Familien, Personal und ohne, in schöner Regelmäßigkeit in Seeshaupt, einer klassischen Sommerfrische der Jahrhundertwende, einfanden, stand der Sinn eben mehr nach bequemem Promenieren denn nach erhitzenden Wanderungen durch unwegsames Gelände. Doch von einem Mangel an Beachtung des »landschaftlich so reizenden und eigenartigen« Osterseengebietes ist längst nicht mehr die Rede, denn unterdessen haben »die Vergnügungsreisenden« es als Ziel für Ausflüge und für Ferienaufenthalte entdeckt. Mit einer Eisenbahnfahrt auf der Strecke Tutzing–Bernried–Seeshaupt–Staltach/Iffeldorf–Penzberg–Bichl–Kochel erreichen Naturfreunde es hingegen noch immer. Das erwähnte bescheidene Gasthaus in der Lauterbacher Mühle verwandelte sich, eingedenk auch des günstigen Klimas, mittlerweile in ein Privatsanatorium insbesondere für Herz- und Kreislaufpatienten. Dennoch haben Wanderer unserer Tage keinen Mangel an Einkehrmöglichkeiten zu beklagen: in den zahlreichen Gaststätten und Cafés der beiden Osterseegemeinden Iffeldorf und Seeshaupt werden an jeden Geschmack und an die unterschiedlichsten Geldbeutelinhalte angepaßte Köstlichkeiten feilgeboten. Aber Sommerfrischeflair blieb der idyllischen Osterseenlandschaft auf eine merkwürdig unbestimmte Art erhalten. Da schwingt etwas zwischen sinnlichem Barock und lichtem Rokoko, zwischen jener speziellen Naturgenuß-Badefreuden-Biergarten-Seligkeit und schon leicht mediterran angehauchter Lebensart. Lebensart? Nun ja, die Kunst zu leben!

Diese seit der bajuwarischen Landnahme im 6. Jahrhundert kontinuierlich besiedelte, sich südlich an den Starnberger See anschließende, wechselnden klösterlichen und weltlichen Grundbesitzern zugehörige oberbayerische *terra benedicta* wirkt in ihrer begrenzten Weite beruhigend und durch ihre Vielfalt aufregend zugleich. Dieses Stückchen Erde ist wahrlich gesegnet, es ist schön, wunderschön. Für Bahnreisende beginnt das Wundern schon während der Fahrt. Die Entscheidung für eine der Fensterseiten fällt schwer, läuft der Dokumentarfilm doch auf beiden Seiten: links und rechts augenverwöhnendes Grün, Weideflächen unterbrochen von Wäldern und Mooren, da thronen einsame Kapellen auf ihren Hügeln und werden zwiebelgekrönte Kirchtürme von den dazugehörigen Dörfern umzingelt. Zwischen den Stationen Seeshaupt und Staltach blitzt sogar unmittelbar neben den Eisenbahnschienen der eine oder andere der insgesamt 19 »offiziellen« Osterseen auf. Die weitaus meisten verbergen sich jedoch im schützenden Schatzkästlein des Naturschutzgebietes: eine Kette aus Perlen von Tränen. Ein zulässiger Vergleich? Eine poetische Überhöhung, zugegeben. Aber drängt sie sich nicht geradezu auf? Perlen, wenn die nacheinander aufgereihten Osterseen mal perlmuttgrau patiniert, mal silbrighell oder sogar – ein unvergeßliches Naturschauspiel – azuritblau bis malachitfarben und türkisgrün glitzern; Tränen, wenn man einen Blick auf die Landkarte wirft. Der Starnberger See weint sie bei Seeshaupt, seinem Kopf im Süden. Es müssen Freudentränen sein! Vergossen angesichts des am Horizont hinterm welligen Alpenvorland aufragenden majestätischen Kalkalpins: Benediktenwand, Jochberg, Vorkarwendel, Herzogstand, Heimgarten, Wettersteingebirge mit Zugspitze. Es gibt Einheimische und Besucher, die unumwunden bekennen, daß sie beispielsweise auf dem Weg in die etwa 50 Kilometer entfernt liegende Landeshauptstadt schon

gegen Heimweh ankämpfen müssen und fortan nur ans rasche Wiederkehren denken.

Die Osterseen – ein etwas rätselhaftes Etikett. Der Name des größten, des bis zu 29,8 Meter tiefen, mit 118,94 Hektar Fläche und an die 14 Millionen Kubikmetern Wasserinhalt tatsächlich Großen Ostersees, wurde irgendwann auf alle benachbarten Gewässer übertragen, die zudem mit ganz eigenständigen Namen aufwarten können. Da sind noch Waschsee, Schiffhüttensee, Sengsee, Fohnsee, Wolfelsee, Fischkaltersee, Staltacher See, Herrensee, Bräuhaussee, Eishaussee, Forchensee, Östlicher und Westlicher Breitenauer See, Ameisensee, Stechsee, Gröbensee, Lustsee, Gartensee, Ursee ... Mehr als 19?! Es gibt eben ein paar »inoffizielle« Anhängsel. Und es gibt den Frechensee, der zuvor bewußt ausgelassen wurde, tanzt er doch aus der Reihe; wegen seiner Sonderstellung darf er – aber nur streng wissenschaftlich – nicht zu den Osterseen gerechnet werden. Als wohl hübscheste Erklärung für die Bezeichnungen »Oster«seen und »Frechen«see dienen vermeintliche Patenschaften germanischer Gottheiten: die von Ostara, einer Licht- und Frühlingsgöttin, sowie von Freya, welche für Fruchtbarkeit zuständig gewesen sein soll. Wurde vielleicht darum in jüngerer Zeit der Versuch unternommen, mit der nach der Gottesmutter Maria benannten Insel im Großen Ostersee diese beiden – sogenannten – heidnischen Damen nachträglich in ihrem Einfluß zu beschneiden? Doch *ostan* ist auch das im Altgermanischen gebräuchliche richtungweisende Wort im schlichten Sinn von »nach Osten« beziehungsweise »im Osten«. Wie dem auch sei. Lassen wir den Seen dieses kleine Geheimnis.

Selbst ihr Geburtsdatum behielten sie bis ins frühe 20. Jahrhundert für sich. Erste korrekte Angaben lieferte eine Veröffentlichung der Forschungsergebnisse des eingangs zitierten Geologen Rothpletz. Dessen Interesse wurde durch seinen schwedischen Kollegen Munthe geweckt, der auffallende Übereinstimmungen zwischen den Osterseen und den Seenplatten seiner skandinavischen Heimat, aber auch mit denen Schleswig-Holsteins oder Ostpreußens festgestellt und darum einen vergleichbaren eiszeitlichen und nacheiszeitlichen Ursprung vermutet hatte. Eingeweihten gewährt das durch Erosionsarbeit und Sedimentation geschaffene »Freilicht-Landschaftsmuseum« Osterseen Einblicke in die spannende jüngere Erdgeschichte. Circa 10 000 Jahre vor dem Heute ging die bisher letzte, die Würm-Eiszeit, zu Ende. Das gewaltige alpine Eisstromnetz mit weit ins Vorland reichenden Ausläufern schmolz allmählich zurück.

Zuvor war jahrzehntausendelang in den Gebirgsregionen jährlich mehr Schnee gefallen, als in den frostfreien Monaten abtauen konnte. Unter der wachsenden Schneelast entstanden dort Firneis und endlich mächtige Gletscher, die sich – der Schwerkraft gehorchend – zum Alpenrand hin in Bewegung setzten. Einer dieser Eisströme wählte den Weg via Inntal und Fernpaß und teilte sich in der Höhe von Garmisch-Partenkirchen. Während der Loisachgletscher-Ast unterwegs noch Tiefgefrorenes aus dem Wettersteingebirge und den östlichen Lechtaler Alpen aufnehmen mußte, um schließlich das Murnauer Becken sowie die Wanne des Ammersees herauszuhobeln, sammelte sich im Isargletscher der Eis»nachschub« aus dem Karwendel und dem Mieminger Gebirge. Er schürfte ferner die tiefe Hohlform des späteren Walchensees aus, schliff die vorgelagerte

Kesselbergbarriere ohne große Umstände zu Rundhöckern um und ab, grub dem später entstehenden Loisach-Kochelsee-Moos seine Geländemulde und überwand spielend die allerletzten kleinen alpinen Falten. Als jener Isargletscher dann endlich das Gebiet um Iffeldorf und Seeshaupt überrollt und noch das (Gletscher)Zungenbecken für einen Starnberger See herauspräpariert hatte, da war das erste Kapitel der Osterseengeschichte geschrieben. Damit gleich in den richtigen Dimensionen gedacht werden kann: die Mächtigkeit der Eisdecke des Alpenvorlandes dürfte bei Höchstständen um die 300 Meter betragen haben! Doch wo mit so viel Kraftaufwand gehobelt wird, da fallen reichlich Späne. Und die wiederum wurden – als Tone, Sande, Schluff, kantige Geschiebe und große Gesteinsbrocken – im Eis, vorm und neben dem Eis mitgeschleppt.

Nun folgte Kapitel zwei. Als wegen einer allgemeinen Klimaverbesserung der »Nachschub« ausblieb und sich die Gletscher ins Hochgebirgsterrain zurückziehen mußten, blieben all die »Sägespäne«, die Lockermaterialien, als Grund-, Deck-, End-, Mittel- oder Seitenmoränen einfach auf der Strecke – zusammen mit von Spalten und Rissen durchzogenen Eisbrocken, Toteis genannt, die an Ort und Stelle sehr langsam abtauten. Von einem geordneten Gletscherrückzug sozusagen an einer Front ist da wirklich keine Spur.

Auch im heutigen Osterseengebiet lagen und zerfielen ungezählte solcher versprengten, unterschiedlich großen Toteisblöcke. In jener Zeit ergossen sich zudem gewaltige Schmelzwasserströme aus dem Alpenraum ins nördliche Vorland. Deren Fracht, zumeist grober Sand und Gerölle, füllten nach und nach die durchs Abtauen entstehenden immer breiteren Zwischenräume der Toteisblöcke auf. Und damit – endlich – kam für die Osterseen zwischen Iffeldorf und Seeshaupt die Chance ihres Lebens. Anschließend änderten die abfließenden Schmelzwasser nämlich gottlob ihre Richtung, weitere Auffüllaktionen blieben somit aus. Das Eis schmolz dahin. Zurück blieben Hohlformen, Trichter – umgeben von flachkuppigen Hügeln, den einstigen Zwischenraumablagerungen. Bis ins Grundwasserniveau hinabreichende, ehemals profane Toteislöcher konnten sich zu einzigartig schönen Toteisseen mausern. Die von Fachleuten Kames genannten Kuppen, alle Seen und die zahlreichen Mulden ohne Grundwasseranschluß gestalten seither das typische unruhige Relief der Osterseenlandschaft.

Schauen wir uns darin um. Doch bedenkenloses Durchstreifen des Geländes und neue Pfade zu trampeln ist verboten! An etlichen markanten Punkten aufgestellte Informationstafeln verweisen ohnehin auf mehr als 30 Kilometer gekennzeichnete Rundwanderwege. Aber selbst in deren unmittelbarer Nähe präsentiert sich die Natur der Osterseenlandschaft in ihrer ganzen Fülle: Kleine Fischchen – Barsche, Rotfedern, Rotaugen – rotten sich zusammen, flitzen plötzlich aufgescheucht davon. In windgeschützten Uferbereichen und Buchten ankern cremeweiß blühende Seerosen – hier und da gesellten sich rötliche hinzu, das sind gezüchtete Gäste aus Gärten. Teichrosen, gelbe, scheinen Strömungs-Streicheleinheiten in gewässerverbindenden schmalen Durchstichen zu bevorzugen. Enten aller Couleur dümpeln oder gründeln genüßlich. Im Schilfröhricht finden nicht nur Wasservogelpärchen die dringend benötigten verschwiegenen Plätzchen. Kein Bootsbetrieb, keine Surfer, keine Luftmatratzenpaddler dürfen da stören! Nur an drei ausgewiesenen Uferzonen an Fohnsee und Großem Ostersee gelangen badelustige Menschen ins glasklare Naß – und müssen ihre Lagerplätze häufig mit zudringlichen Kanadagänsen teilen. Graugänsetrupps täuschen eher Gleichgültigkeit vor.

Rund um die Seen wächst ein naturnaher, standortgerechter Mischwald heran. Vormals favorisierte Fichten teilen sich nun das Revier hauptsächlich mit Buchen, Bergahorn, Tannen und Kiefern. Hochgewachsene Kiefern sind es auch, die die wundervollen Waldbilder an den Seeufern prägen. In behutsam geschlagene Breschen springt sofort der vitale Nachwuchs. Naturverjüngung mit dem Ziel stufigen Aufbaus und nachhaltiger Nutzung lautet das forstwirtschaftliche Credo. An Waldsäumen versammeln sich Schlehen, die alle Jahre wieder weiße Brautschleier anlegen dürfen, Holunder mit Schwarz und Rot im Beerenangebot, Pfaffenhütchen mit Fruchtständen in schrillem Pink mit Orange, daneben Heckenkirschen, Schneeballarten, Hartriegel, wilde Rosen … Im Parterre der Gehölze nutzen Leberblümchen, Anemonen, Scharbockskraut und Primeln die Gunst laubfreier Frühlingssonnentage.
Freiräume füllen magere Halbtrockenrasenflächen und Feuchtwiesen aus: im Wechsel übersät mit Trollblumen, Mehlprimeln, Sumpfherzblatt, Enzianarten, Wollgras, Sumpfstendelwurz, Mückenhändelwurz, Knabenkraut-Orchideen ... Dem »fleischfressenden« Fettkraut half die Evolution auf die Sprünge: Es gleicht den Stickstoffmangel von Moorböden durch Insektenfang auf Blatt-Klebestreifen aus. Andernorts vereinen sich tiefdunkelrote Akeleien, duftige Kuckuckslichtnelken, Vergißmeinnichtblüten sowie Mädesüß-, Gilbweiderich- und Blutweiderichstauden zu farbenfrohen Tupfern aus der jahreszeitlich abgestimmten, gutsortierten Artenpalette. Sogar mit Rote-Liste-Pflanzen weiß der Osterseenstandort zu prahlen. Wo genau? Das wird naturgemäß nicht verraten. Jedoch dieses: viele seltene Amphibien und Reptilien wurden hier heimisch – und selbstverständlich sind auch Kreuzottern darunter!

Zitronenfalter finden Faulbaumsträucher zur Eiablage und als Futterpflanze für ihre wählerischen Raupen; der Kleine Fuchs wärmt sich seine winterstarren Schmetterlingsflügel, sobald die Schneeschmelze einsetzt und der Huflattich herausspitzt. Später, wenn Felder filigraner Graslilien die sommerlichen Wälder der Osterseenlandschaft so charakteristisch aufwerten, wenn Wasserdost, Kohlkratzdistel, Baldrian ihre Nektartankstellen eröffnen, dann gaukeln farbenfrohe Distelfalter, Admirale, Tagpfauenaugen, Landkärtchen ... von einer vielversprechenden Blüte zur andern. Falterzeit ist Picknickzeit an vorsorglich unterwegs aufgestellten Holztischen und Bänken. Oder sich doch lieber einfach ins Gras am Wegrand niedersetzen, ein Weilchen träumen? Sich umschauen? Da: ein neuer, ein blau-weiß-gelb-violetter Aspekt. Wiesensalbei, Margeriten, Wiesenbocksbart und Alpenflockenblumen – umschwirrt von Schwebfliegen, Hummeln, Bienen. Libellen – hastig bewegte feine blaue Nadeln oder akrobatische Loopings zelebrierende marmorierte Doppeldecker, die sich nicht zwischen Partnersuche und Beutegreifen entscheiden können, mitunter jedoch das Angenehme mit dem Nützlichen zu verbinden wissen – steuern regelmäßig ihre Sitzwarten an. Fotografieren erlaubt! Aber bitte: allem was da wächst und gedeiht oder kreucht und fleucht gebührt respektvolle Rücksicht und Vorsicht. Vielleicht gelingt es, einige der angeblich insgesamt 171 (Wer die wohl gezählt hat?) im Jahreslauf vorkommenden Vogelarten zu beobachten oder an ihrem individuellen Gesang zu identifizieren.

Spektakuläre Osterseenbilder malt der Herbst: um Blätter, die sich aufs Sterben in Schönheit vorbereitet haben, werden über Nacht bizarre Rauhreifkränze gelegt; Dunstschwaden lassen das Laubinferno verblassen; alle Wasserflächen dampfen; Schräglicht einer von Tag zu Tag mehr ausgebrannten Sonne zeichnet Streifen zwischen Baumstammriesen und wird von winzigen, an die Seidenfäden der Spinnennetze angehefteten Taukügelchen schwächlich reflektiert; mattgraue Nässeschleier sinken auf Beeren; ein Schemen zwischen Waldrand und Ufer bewegt sich: Rehwild; Riedgräser und Schilfgürtel changieren von Ocker bis Gold. Pilze schießen ins Kraut. Eichhörnchen horten für schlechtere Zeiten. Plötzlich werden die Kapriolen der Schwalben und Mauersegler vermißt. Zugvögel räumten das Feld. Gefiederte Wintergäste rücken nach. Frühmor-

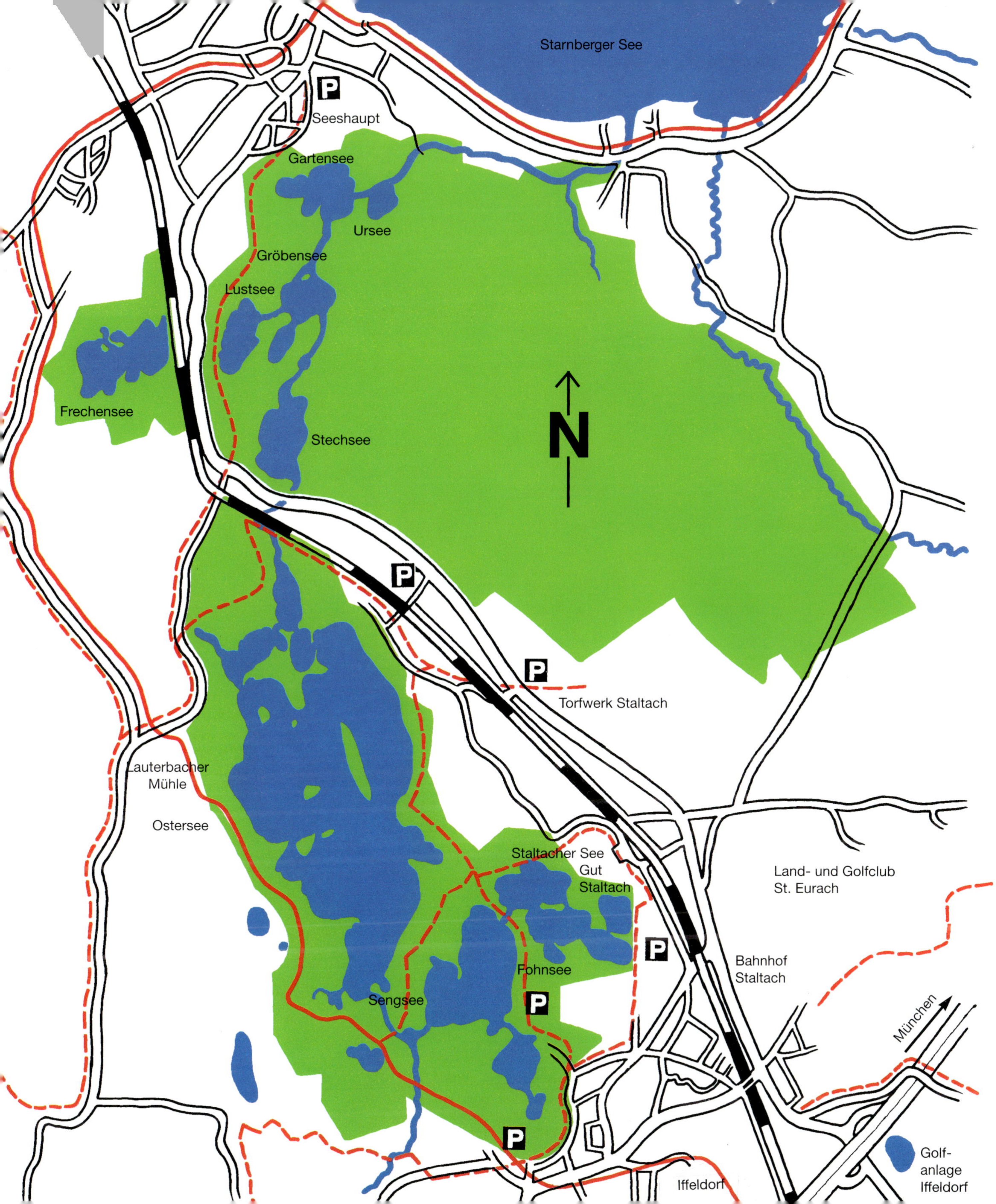

Naturschutzgebiet Osterseen

Naturschutzgebiet

Prälatenweg

Markierte Wanderwege

Parkplätze

gens gelingt es weichen Hundepfoten und leichten Kinderstiefelchen dünne Pfützeneiskrusten zu knacken. Es riecht nach erstem Schnee. – Tags darauf können fedrige Föhnwolkenschatten über die Osterseenflächen gleiten, vermag sich ein unglaublich blauer Himmel darin zu spiegeln und legt ein lauwarmer trockener Fallwind es darauf an, Wintergedanken zu vertreiben. Berge rücken dann stündlich näher an die Seen. Auf dem geräumigen Parkplatz unterhalb der Iffeldorfer Pfarrkirche St. Vitus werfen rasch nacheinander eintreffende automobile Natursuchende ihre Rucksäcke über die Schultern. Und aus ist's vorerst mit der Ruhe ...

Mit bemerkenswerten Äußerlichkeiten müssen sich die Osterseen nicht begnügen. Sogar ihre hydrologischen und chemischen Eigenschaften gelten als etwas sehr Besonderes. Folgerichtig avancierten sie zu Objekten systematischer Süßwasserforschung. Gleiche Entstehungsgeschichte, gleiche Erscheinungsformen, gleiche Klimabedingungen bei unterschiedlichem Grundwasserzustrom und von Süden nach Norden abnehmenden Nährstoffeinträgen (der Lustsee ist sogar nahezu unbelastet) – das sind Voraussetzungen, die die Technische Universität München bewogen, in der Gemeinde Iffeldorf eine limnologische Station mit Arbeitsschwerpunkt im Bereich des angewandten Gewässerschutzes einzurichten.

Alle Osterseen stehen durch natürliche Kanäle miteinander in Verbindung und werden bei zehn Metern Gefälle auf den sechs Kilometern zwischen Iffeldorf und der Mündung bei Seeshaupt in den Starnberger See lebhaft durchströmt. Oberirdische Zuflüsse spielen praktisch keine Rolle. Wie werden Abflußrate und Verdunstungsverluste der Seenkette dann aber ausgeglichen? Durch beträchtliche Mengen an Grundwasser, das insbesondere in die südlichen Seen aus diffusen Zutritten sowie aus unterseeischen Quelltrichtern, den Limnokrenen, einströmt! In Ufernähe des Großen Ostersees ist ein solcher Quelltrichter als »Blaue Gumpe« über einen kleinen Holzsteg zu erreichen – und zu bestaunen. Je nach Niederschlagsmengen schwankt die Schüttung des Grundwassers erheblich, und ebenso verändern sich seine Strömungsbahnen. Das Grundwasser fließt den einzelnen Seen allerdings mit ganzjährig gleichbleibender Temperatur von acht bis zehn Grad Celsius zu. Während sich das Wasser an der Oberfläche sommers rasch erwärmt, bleibt es über Grund der zwischen fünf und dreißig Meter tiefen, annähernd runden trichterförmigen Becken verhältnismäßig kühl. In der kalten Jahreszeit schwimmt das zufließende Grundwasser demgegenüber stets obenauf. Wasserflächen oberhalb von Quellaustritten bleiben darum lange eisfrei. Große Vorsicht beim Schlittschuhlaufen ist geboten! Das aus den Limnokrenen aufstoßende Wasser hat eine Sauerstoffsättigung von 60 bis 80 Prozent und enthält reichlich gelösten Kalk (Hydrocarbonate aus den kalkreichen eiszeitlichen Ablagerungen der Eisrandterrasse zwischen Iffeldorf und Antdorf) und ist von beeindruckend blaugrüner Färbung.

Insgesamt weisen die Osterseen eine vergleichsweise geringe Verlandungsrate auf. Der Topograph Peter Apian alias Petrus Apianus kartierte und beschrieb das Gebiet bereits im 16. Jahrhundert. Er benannte Seen und Seenteile zwar mit teilweise von den heutigen stark abweichenden

Namen, ein Vergleich mit der aktuellen Situation beweist jedoch, daß sich ihre Ausdehnung seither nur unwesentlich veränderte.

1981 war für das Osterseengebiet ein gutes Jahr. Das 1 086 Hektar umfassende Areal erlangte den Status eines Naturschutzgebietes. Ein Drittel davon machen Seenflächen aus, auf 494 Hektar finden sich Hoch-, Nieder- und Zwischenmoore, 172 Hektar sind Wald, fünf Prozent als Uferregionen, Verlandungsgebiete, Wiesen und Weiden ausgewiesen. Der intensive Torfabbau war bereits bald nach dem zweiten Weltkrieg als unrentabel erkannt und ganz aufgegeben worden.

Bei aller Liebe zur außergewöhnlich attraktiven Osterseenkette – Toteisseen sind keine Einzelerscheinung im bayerischen Alpenvorland. Die Eggstädt-Hemhofer Seenplatte im Chiemgau und viele kleine und kleinste teils verlandete oder vermoorte Seen und Seelein können ihre eisige Vergangenheit gleichfalls gar nicht leugnen.

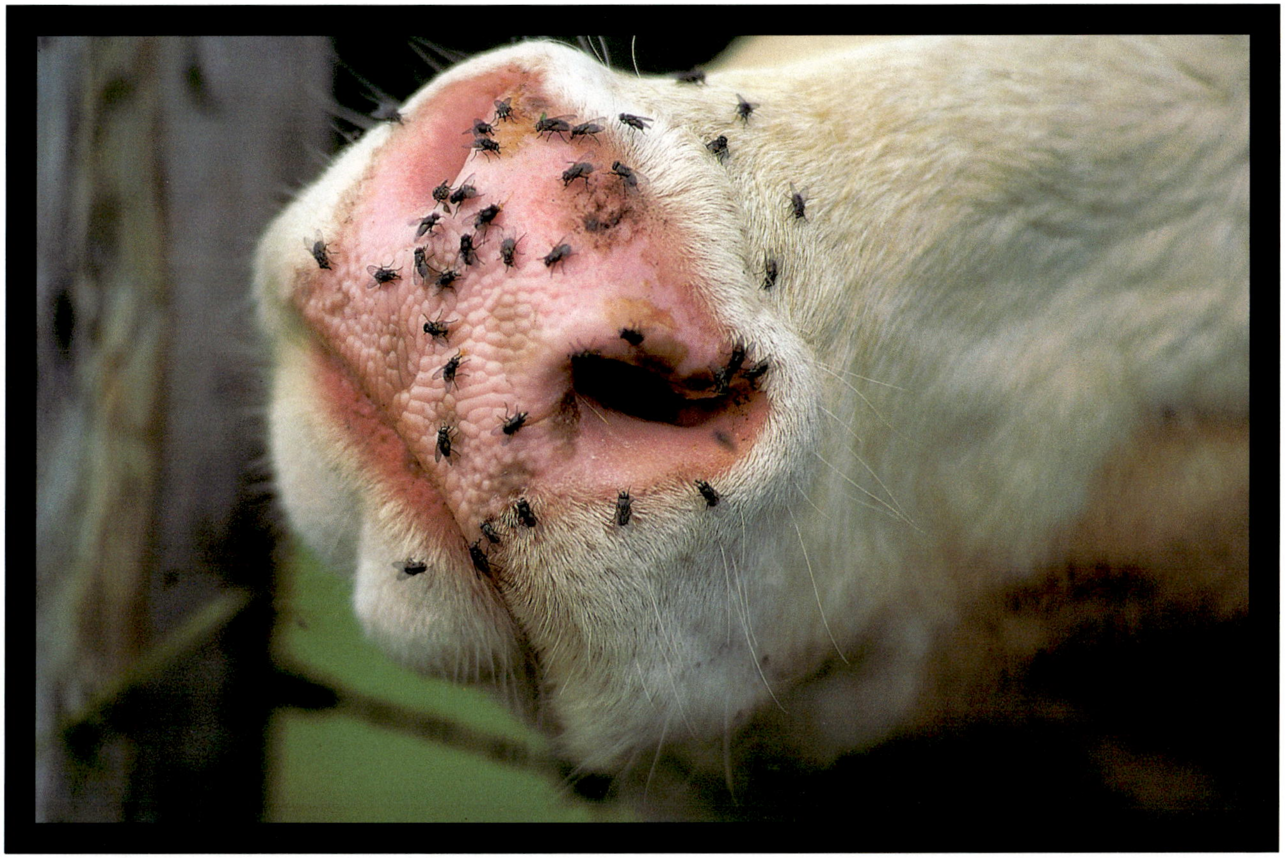

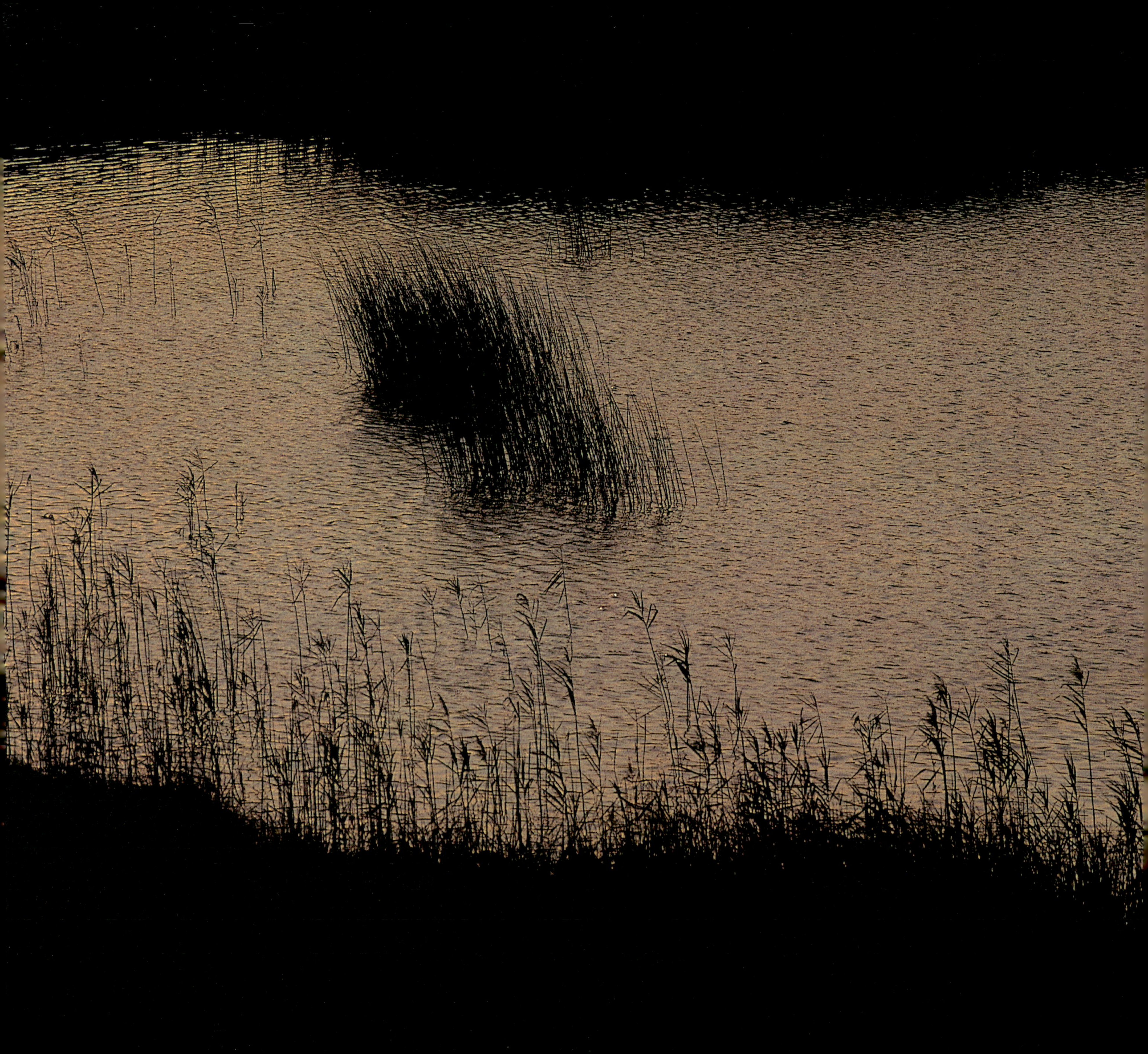

Zur Orientierung die wichtigsten Bildlegenden:

Ralf Gerard
wurde 1958 in Trier an der Mosel geboren. Seit zehn Jahren lebt er an den Osterseen. Er fotografiert für Verlage und Industrie sowie für Zeitschriften und Zeitungen. Seine besondere Vorliebe gilt Bildreportagen und Dokumentationen in Schwarzweiß rund um die Kulturszene.

Brigitte Roßbeck
1944 geboren, im Ruhrgebiet aufgewachsen, studierte in Köln Geographie und Geschichte. Sie kam 1986 nach Iffeldorf. Die Buchautorin und freie Journalistin arbeitet mit namhaften Verlagen zusammen, schreibt für Tagespresse und Zeitschriften. Beiträge von ihr werden von verschiedenen Rundfunkstationen gesendet.

Egbert Greven
Jahrgang 1941, ist Grafiker, Illustrator und Buchgestalter, wurde aber auch durch Ausstellungen im In- und Ausland bekannt. Er erhielt dafür wiederholt Preise und Anerkennungen. Vor 20 Jahren kam er nach Oberbayern, wo er als Freund klassischer und zeitgenössischer Musik auch bedeutende Konzertreihen organisiert.

Die Autoren und der Verlag danken

den privaten Forstverwaltungen im Osterseengebiet und
dem staatlichen Forstamt Weilheim-Schongau,
dem Limnologischen Institut der Technischen Universität
München in Iffeldorf,
den Gemeinden Iffeldorf und Seeshaupt
sowie vielen guten Freunden

für wertvolle Anregungen, konstruktive Kritik und
hilfreiche Unterstützung.